COLLECTION

DES

LIVRETS

DES

ANCIENNES EXPOSITIONS

depuis 1673 jusqu'en 1800

SALON DE 1799

XLI

PARIS

LIEPMANNSSOHN,

11, rue des Saints-Pères

EXPOSITION

DE 1799

—

XLI

COLLECTION

DES

LIVRETS

DES

ANCIENNES EXPOSITIONS

DEPUIS 1673 JUSQU'EN 1800

EXPOSITION DE 1799

PARIS

LIEPMANNSSOHN, ÉDITEUR

11, rue des Saints-Pères

—

NOVEMBRE 1871

NOMBRE DU TIRAGE

DU LIVRET DE 1799.

375 exemplaires sur papier vergé.
25 — sur papier de Hollande.
10 — sur chine.

N° 

Ce livret est vendu seul 4 fr.

NOTICE BIBLIOGRAPHIQUE.

Deux éditions : La première a 95 p. et 736 nᵒˢ; la 2ᵉ le même nombre de pages et 738 nᵒˢ. Ces deux numéros additionnels ne sont séparés du reste du livret par aucune rubrique indiquant un supplément. En outre la 1ʳᵉ édition de 736 nᵒˢ ne contient pas les adresses d'Augustin (nᵒˢ 7 et 8) et de Chatillon (nᵒˢ 41-45), ni le dernier article de Caraffe : *Plafond rond qui se voit à l'Ecole Clynique.*

Il est possible qu'il ait existé des exemplaires sans le Supplément qui commence à la p. 91 du livret original. On aurait ainsi une édition antérieure aux deux autres que nous signalons. Mais nous n'avons pas trouvé un seul exemplaire sans ce Supplément. Ainsi avons-nous supposé que le livret n'avait pas été mis en vente sans le Supplément.

Critiques :

Journal de Paris : 23 fructidor, 1ᵉʳ, 3ᵉ et 6ᵉ jour complémentaire an VII, 6, 12, 17, 18, 28 vendémiaire et 1ᵉʳ brumaire an VIII.

P. CHAUSSARD. Examen des tableaux du Salon de l'an VII, dans la *Décade philosophique.* T. VIII, p. 543-52 et t. IX, p. 36-43, 94-102, 212-228.

Voyez aussi sur le débat de Girodet et de Mlle Simon Candeille et sur le portrait satirique de cette actrice, envoyé au Salon de 1799 et exposé quelques jours seulement, l'article de M. Th. Arnauldet sur les Estampes satiriques, imprimé dans la *Gazette des Beaux-Arts* en 1859 (T. IV, p. 111), et accompagné d'une reproduction d'une vue de Salon fort rare où le tableau désigné joue le rôle principal.

EXPLICATION

DES OUVRAGES

DE PEINTURE ET DESSINS,

SCULPTURE,

ARCHITECTURE ET GRAVURE,

DES ARTISTES VIVANS,

Exposés au Muséum central des Arts, d'après l'Arrété du Ministre de l'Intérieur, le 1er Fructidor, an VII de la République Française.

Le prix de ce Livret est de 75 centimes.

A PARIS,

DE L'IMPRIMERIE DES SCIENCES ET ARTS,
rue et butte des Moulins, N° 500.

An VII de la République.

AVIS.

Afin de prémunir le Public contre l'abus qui existe au-dehors du Muséum, où l'on *revend* ce Livret au-dessus de son prix, l'Administration prévient qu'elle ne le fait débiter que dans l'intérieur du Musée.

Elle annonce aussi que, dans la même intention, elle a établi sur le pallier du grand escalier, près la porte du Salon, des préposés attachés au Musée, auxquels on peut avec sûreté confier les *cannes, sabres, manteaux, parapluies*, qu'il est nécessaire de déposer avant d'entrer.

AVERTISSEMENT.

Ce Livret contient quatre divisions *indiquées en titre, ainsi qu'au haut des pages, par l'un de ces mots :* Peinture, Sculpture, Architecture, Gravure.

Les Dessins sont compris dans la division de la Peinture.

Dans chacune des quatre divisions, on a placé par ordre alphabétique le nom des Artistes.

Le nom cité en tête de la notice des ouvrages d'un Artiste, indiquant assez qu'ils ont été faits par lui, on s'est abstenu de toute autre explication.

S'il existe dans ce Livret des omissions de prénoms, de demeure, du lieu de la naissance de l'Artiste, du nom de son Maître, ainsi que sur la propriété *de l'ouvrage, c'est que l'omission existait dans la notice envoyée.*

Les retards trop habituels dans l'envoi des ouvrages et même des notices, pourront nécessiter un supplément; dans ce cas, le Lecteur observera que les plus hauts numéros sont ceux qu'il faut chercher dans la partie additionnelle qui se trouve à la fin du Livret.

Nota. *Comme il n'y a point eu de Jury nommé cette année, pour l'admission des ouvrages présentés, l'Administration du Musée a dû recevoir tous ceux qui ont été apportés pour l'exposition et le concours.*

L'Administration du Musée central des Arts a cru devoir rappeler, en le plaçant en tête de la présente Notice, l'avis que le Ministre de l'Intérieur fit insérer dans les Journaux, au mois Floréal, présente année.

LE MINISTRE DE L'INTÉRIEUR
AUX ARTISTES.

Citoyens, après avoir rassemblé pour votre instruction les Trésors de plusieurs siècles et de plusieurs contrées, et ouvert ainsi au génie, avec une magnificence inconnue jusqu'à ce jour, les sources les plus abondantes, il ne restait plus au Gouvernement qu'à vous assurer des travaux, et à vous indiquer leur direction philosophique et morale ; en effet, c'est par ce *mérite de composition* que l'Ecole française va surpasser cette Ecole fameuse, à qui elle semble déjà s'égaler par le *talent d'exécution* pur et sévère qu'elle a montré depuis le moment où elle est revenue à l'étude de la nature et de l'antique.

C'est par là aussi qu'elle s'assurera auprès du Gouvernement et de la postérité une juste considération.

Un nouveau mode de concours pour la distribution des travaux d'encouragement, a été adopté et couronné par le succès.

L'exposition solennelle dans le Salon du Muséum, a

tenu lieu de concours; et le jugement du Jury a décerné les Palmes et les Prix.

Ce mode sera adopté pour la distribution des travaux d'encouragement à accorder en l'an VIII. En conséquence, les Artistes seront invités par l'Administration du Musée, à faire porter dans la Salle consacrée à cette exposition, celles de leurs productions *qu'ils jugeront les plus dignes de concourir.*

Le Salon sera ouvert depuis le 1ᵉʳ Fructidor de la présente année, jusqu'au 1ᵉʳ Brumaire; un Jury qui se rassemblera vers le milieu du mois Fructidor, prononcera sur le mérite et le talent des ouvrages exposés.

Les noms de ceux qui auront été distingués et honorés par des travaux d'encouragement, seront proclamés au Champ-de-Mars.

Que ces honneurs qui n'ont lieu que dans les Républiques, rappellent aux Artistes le sentiment de leur propre dignité et tout ce qu'ils doivent à un Gouvernement libre; qu'au moment où ils saisissent le crayon, le pinceau et le ciseau, ils assistent par la pensée à cette proclamation solennelle; qu'ils croient alors entendre la voix de la Patrie même, leur dire : *Artistes, honorez une Nation qui vous honore!*

EXPLICATION

Des Ouvrages de Peinture, Sculpture, Architecture, Gravure, Dessins, Modèles, etc., des Artistes vivans, exposés dans le Salon du Musée central des Arts, le 1ᵉʳ Fructidor an VII de la République.

PEINTURE.

Anonyme.

Tableau.

1. Régulus abandonnant sa famille pour se rendre à Carthage.

Autre anonyme.

2. Un Portrait d'homme.

Ansiaux (J.), né à Liége, élève de Vincent, au Palais national des Sciences et des Arts.

PORTRAITS PEINTS.

3. De la Cⁿᵉ Sc........, en pied, grandeur naturelle.
4. De la Cⁿᵉ M....., nourrissant son enfant.
5. De la Cⁿᵉ V.....

C^{ne} *Aubry* (Angélique), née à Paris, élève
de Jacob Sablet.

6. Un portrait de femme en pied.

Augustin (J.-J.), né à St-Diez, département
des Vosges.

Place des Victoires, n° 15.

7, Un cadre renfermant plusieurs miniatures.
8. Un tableau de famille.

C^{ne} *Auzou* (née Desmarquet), élève de Regnault,
rue d'Anjou, au Marais, n° 11.

Tableaux.

9. Une Hébé, 1 m. 50 c. sur 1 m. 35 c.
10. Une jeune femme lisant.

Baltard (L.-P.), né à Paris,
rue Dominique, près celle du Bacq, n° 239.

11. Un Tableau représentant un projet de monument
consacré à rappeler la mémoire de l'assassinat
des Ministres français à Rastadt.

Prix d'encouragement accordé dans la séance
du Jury des Arts, le 27 Ventôse an VII de la
République.

Dessins.

12. Deux paysages, dont le 1er offre un site de rochers
et de cascades, le 2e une vue maritime, sous
un même cadre.
13. Paysage héroïque. Sur le devant, Cincinnatus (L.
Quintius) conduisant la charrue.

« Cincinnatus avait vendu ses biens pour

indemniser des citoyens qui s'étaient rendus caution en faveur de son fils qui avait fui en Etrurie : il lui restait un champ de quarante arpens qu'il cultivait de ses mains, lorsqu'après une année de retraite, étant à labourer, vêtu depuis les reins jusqu'aux genoux seulement, il fut averti de quitter son travail et de se préparer à recevoir une députation du Sénat.

Bientôt après parurent les Députés ; il fut salué Consul, et les Licteurs prirent ses ordres. Alors jetant un regard sur les champs qu'il abandonnait, en versant quelques larmes, il dit : Mon champ ne sera donc pas ensemencé cette année.

Son consulat fut illustre et avantageux à la République. »

———

Baudiot (François), élève d'Isabey,
rue de Chartres, n° 347.

14. Trois portraits de femmes.
Dessins, sous le même numéro.

———

Bélin (Claude-Alexandre), élève de Vien père,
rue du Petit-Carreau, n° 35.

15. Un cadre renfermant cinq portraits-miniatures.

———

Belle, élève de son père,
aux Gobelins.

16. Portrait de famille, représentant une mère allaitant son enfant.
1 m. 5 déc., sur 1 m. 2 déc.

Bellier,
rue des Victoires nationales, n° 96.

17. Portrait d'homme peint sur toile.

Berjon,
place des Victoires, n° 15.

18. Un tableau de fruits.

Bertin (J.-V.), né à Paris, élève de Valenciennes,
rue Montmartre, n° 253.

TABLEAUX, PAYSAGES.

19. Site montagneux, soleil couchant, des baigneuses, un berger et son troupeaù.
20. Soleil du matin, des jeunes gens jouent au disque.
21. Deux paysages faisant pendans. Même numéro.
22. Dessin, paysage, sur papier de couleur.

Besson,
rue du Coq-Honoré, n° 122.

23. Quatre Dessins dans le genre des cartes géographiques, représentant : les hautes Alpes couvertes de neiges et de glaciers; un pays volcanisé avec différens cratères; un port de mer; un pays montagneux cultivé. Sous le même numéro.

Bidauld.

24. Tableau; paysage composé d'après une vue de Frascati, aux environs de Rome.
25. Deux autres paysages, sous le même numéro.

Bluteau (Augustin), né à Versailles, élève
de Lagrenée jeune,
à Paris, place Cambrai, n° 8.

26. Tableau, paysage.

1 m. sur 89 c.

Ce tableau lui appartient.

Boilly (L.-L.),
rue du Faubourg-Denis, n° 14.

27. Tableau représentant un jeune manœuvre.

Hauteur 1 m. 80 c. sur 1 m. 16 c.

28. Tableau représentant une jeune femme assise sur
l'appui d'une croisée : près d'elle un enfant
qui regarde dans un télescope.

Bonnemaison,
rue des Pères, n° 14.

29. Tableau. Une jeune femme s'étant avancée dans
la campagne, se trouve surprise par un
orage.

30. Deux portraits, sous le même numéro.

Bouillon (Pierre), né à Thiviers, département
de la Dordogne, élève de Monsiaux.
rue du Théâtre français, n° 17.

31. Œdipe et Antigone.

Tableau de 1 m. 80 c., sur 1 m. 43 c.

Œdipe accablé du souvenir de ses malheurs
que lui rappellent le mont Cythéron et l'aspect
du temple des Euménides, dans l'horreur de

ses égaremens invoque la mort; mais Antigone alarmée, conjure le ciel de ne point exaucer les vœux de son père malheureux.

Bouton (Joseph-Marie), né à Cadix, en Espagne,
élève de Vincent.
rue du Mail, n° 25.
Tableaux.

32. Flore, demi-figure.
33. Portrait de femme tenant son enfant qui la caresse.

Cacault (Pierre), de Nantes, élève de Vien,
à Nantes.

34. Portrait, tête grande comme nature.

Callet (A.-F.), né à Paris,
au Palais national des Sciences et des Arts.

35. Marcus Curtius se dévouant pour sa Patrie.

Vers l'an 362, la terre s'était entr'ouverte dans une place de Rome; l'oracle consulté sur ce prétendu prodige, répondit que le gouffre ne pouvait être comblé qu'en y jetant ce que le peuple romain avait de plus précieux. Les femmes y jetèrent leurs bijoux : l'encens fumait en vain sur tous les autels; mais Curtius, jeune homme plein de courage et de religion, crut que les Dieux demandaient une victime humaine; il se précipita solennellement tout armé, avec son cheval, dans l'abyme, et passa auprès des superstitieux pour avoir sauvé sa

patrie par ce sacrifice, la terre s'étant, dit-on,
refermée dès qu'elle l'eut reçu.

3 mètres sur 4.

Caraffe (A.), élève de Lagrenée,
chez le C. Constantin, quai de l'Ecole.

36. Sept Dessins appartenant au citoyen Chenard,
sous le même numéro.

Mamelouks s'exerçant à la course.

Tournois turc.

Pompe funèbre.

Danseuses arabes ou almée.

Danse albanaise.

Extérieur d'une mosquée et les diverses atti-
tudes de la prière.

Un Dessin représentant un Turc à cheval.

37. Six Dessins appartenant à l'Artiste, sous le même
numéro.

Les Lutteurs.

Une Peste.

Voitures de Turcs à Constantinople.

Mariage grec.

Extérieur d'un café.

Arabes bédoins campés près les pyramides
de Gisa.

Plafond rond qui se voit à l'Ecole clynique
de médecine, rue des Pères, faubourg Germain.
Il représente l'Etude ramenant aux hommes la
santé, sous la figure d'Egya.

Cne *Chacheré-Beaurepaire*, élève d'Augustin,
rue Claude, n° 3g3.

38. Un Médailler contenant plusieurs miniatures.

Chancourtois,
rue Sulpice, n° 565.

Paysage historique.

39. L'arrivée de Thésée au port de Trézène, reçu par son fils Hypolite.

On remarque devant le temple de Jupiter, qui était sur la place du port, le tombeau de Pittée, sur lequel étaient trois siéges, où il rendait la justice avec ses deux assesseurs.

Charpentier (Jean),
rue Neuve-l'Egalité, porte Denis, n° 312.

40. Trois Tableaux représentant : — une Scène de marché, — une Laitière, — Scène familière. Même numéro.

Chatillon (Charles), né à Doullan,
rue Florentin, n° 6.

41. Paysage peint à la gouache.
42. Camée d'après l'antique.
43. Un Amour sur un Dauphin, miniature.
44. Portrait de l'auteur, miniature.
45. Plusieurs autres portraits, miniatures, sous le même numéro.

C^{ne} *Chaudet* (Elisabeth), née Gabiou, de Paris,
au Muséum des Arts.

Tableaux.

46. Une petite fille voulant apprendre à lire à un chien.
47. Une femme occupée à coudre.

Chéry.

48. Portrait peint du citoyen Chevalier, Général de brigade.
49. Portrait du citoyen Lefranc, chef d'escadron.

Cior (Pierre), né à Paris,
rue de la Monnaie, n° 27.

5o. Un cadre contenant les portraits en miniature du citoyen Saintomer, Professeur d'écriture; de la citoyenne Blot, et plusieurs autres portraits.

Collas (L.-A.), né à Bordeaux, élève de Vincent.
cul-de-sac Taitebout, n° 1o.

51. Etude de femme, grande miniature.
52. Un cadre renfermant plusieurs portraits en miniature.

Collot (J.-L.), élève de David et de Vincent,
rue de Varennes, n° 426.

53. Tableau, paysage.
54. Portrait de l'auteur.

Colon, né à Vézelay, départ. de l'Yonne, élève
de Pérignon,
rue Chapon, n° 16.

55. Quatre paysages peints à la gouache, sous le même numéro.

Crépin (Louis), né à Paris, élève de Regnault,
rue de l'Echiquier, n° 13, faub. Poissonnière.

Marines.

56. Esquisse terminée du glorieux combat de la
Bayonnaise, corvette française de 24 canons de
8, commandée par le C. Richer, prenant à
l'abordage l'*Ambuscad*, frégate anglaise de 26
canons de 16, le 24 Frimaire an VII.
57. Vue générale du même combat.
Ces tableaux appartiennent à l'auteur.

Dabos (Laurent), né à Toulouse, élève de Vincent,
rue de la Loi, n° 1256.

Tableaux.

58. Portrait du C. Brunet, dans le rôle du désespoir
de Jocrisse.
59. L'intérieur d'un ménage où une jeune fille devide
du fil.
60. Une jeune personne faisant de la dentelle.
61. Une cuisinière plumant une volaille.
62. Une jeune fille allant chercher du lait.
63. Une marchande de fruits et de fleurs appelant les
chalands.
Les cinq derniers tableaux appartiennent à
l'auteur.

Dandrillon (C.-P.), né à Paris, élève de Machy,
rue du Faub.-Denis, n° 25.

Tableau.

64. Vue du Colisée, de l'arc de Constantin, de l'arc de

Titus et du temple de la paix, dont une por-
tion est réédifiée.

Ce tableau est mis en perspective d'après le
plan de Rome.

2 m. 35 c., sur 1 m. 76 c.

Darsonval (Durand, dit), né à Paris,
rue Neuve-l'Egalité, n° 315.

65. Un cadre renfermant plusieurs miniatures, au
nombre desquelles est le portrait de l'auteur.

Cⁿᵉ *Davin-Mirvaut* (C.-A.-Fl.), née à Paris,
élève de Suvée et d'Augustin,
rue du Doyenné, n° 304.

66. Etude d'après nature, miniature.

Debret (Jean-Baptiste), né à Paris,
élève de David.

Tableau de 2 m. 93 c., sur 3 m. 25 c.

67. Aristomène, général Messénien, pris par des
archers crétois, profite de l'ivresse et du som-
meil de ces derniers, pour se faire couper les
liens qui l'attachent, par la fille de la femme
chez laquelle on l'avait conduit pour passer la
nuit.

Les Lacédémoniens firent une trève de quarante
jours avec les Messéniens, pour célébrer la
fête d'Hyacintha. Pendant ce temps, quelques
archers crétois, alliés des Spartiates, ne se cru-
rent pas obligés de s'abstenir de tout acte

d'hostilité, et ravageaient les environs du mont
Ira. Dans une de leurs courses, ils trouvèrent
Aristomène qui s'était écarté de son camp sur
la foi du traité. Ils le prirent et le lièrent.
Aussitôt deux d'entre eux se détachent pour
porter cette agréable nouvelle à Sparte. Les
autres gardent le prisonnier, et le conduisent
à un village de la Messénie, car ce fut le soir
qu'ils le prirent. La chaumière où ils le con-
duisirent était habitée par une veuve qui avait
sa fille avec elle. Cette jeune fille observe atten-
tivement les yeux du prisonnier, et comprend
au moindre signe ce qu'il souhaite qu'elle fasse;
elle apporte du vin, et fait boire les archers
jusqu'à ce qu'ils s'endorment. Alors elle prend
l'épée d'un d'eux, et coupe les courroies dont
ils avaient lié leur prisonnier (c'étaient les courroies de leurs carquois); elle donne ensuite
l'épée à Aristomène qui égorgea sur-le-champ
les Crétois qui l'avaient pris. Pour lui marquer
sa reconnaissance, il l'emmena avec lui, et la
maria à son fils Gorgus.

Delafontaine (Pierre-Maxi.), né à Paris,
élève de David,
rue de la Monnaie, n° 8.

68. Portrait peint en pied, du C. Lenoir, Conservateur du Musée des monumens français.
2 m. 27 c. de haut., sur 1 m. 62 c.

Demarnes, né à Bruxelles,
au Palais des Sciences et des Arts.

Tableaux.

69. Une grande route.

Il appartient au C. Naudou.

70. Deux pendans : l'un la moisson, l'autre les ven-
danges. Même numéro.

71. Côtes de Normandie, marine.

72. Marine où l'on voit un chien qui pleure son
maître.

73. Animaux.

74. Scène familière.

Deshays (Jean-Eléazar), élève de Schmid,
né à Paris,
rue Rochechouard, n° 660.

75. Tableau, paysage, figures et animaux.
Il appartient à l'auteur.

Désoria, élève de Restout,
au Palais national des Sciences et des Arts.

76. Portrait de la Citoyenne G***, fille du Poëte
Roucher.

77. Portrait de la Citoyenne M***.

Desrais (C.-L.), élève de F. Casanove,
rue des Fontaines, près le Temple, n° 29.

78. Le Triomphe de Bacchus dans les Indes, dessin
lavé à l'encre de la Chine.

Ce dessin appartient à l'auteur.

Devouge, élève de Regnault et de David,
cloître Honoré, n° 10.

Dessins.

79. Une Française consultant un Augure sur le sort
de son époux.
80. Une Femme abandonnée exprimant ses regrets.
81. Trois portraits peints à l'huile, sous le même
numéro.

Doix (F.-J. Aloyse), né à Paris,
rue d'Argenteuil, n° 271.

Tableaux sous le même numéro.

82.
Paysage, soleil levant, d'après nature.
Paysage, clair de lune, vue du Mont-Blanc.
Paysage.
Préparatifs d'un repas champêtre.
Ces trois derniers tableaux appartiennent à
l'auteur.

Dubois (Frédéric),
rue de Grammont, n° 549.

83. Un cadre renfermant plusieurs miniatures.

Dubost (A.), né à Lyon, élève de Vincent.
Tableau de 1 m. 48 c., sur 1 m. 16 c.

84. Brutus, désespérant de ses affaires en Italie, pour-
suivi par les soldats d'Antoine, est au moment
de s'embarquer sans faste et sans suite. Sa
femme Porcie, fille de Caton, prête de le
quitter, jette, pour se consoler, ses regards sur

une peinture consacrée aux Dieux; elle y voit
les adieux d'Hector et d'Andromaque, qui doivent être éternels ; elle se trouble, et pour se
rassurer, elle ramène ses yeux sur son époux :
ses larmes s'échappent, son courage l'aban-
donne, l'amour conjugal l'emporte sur l'amour
de la patrie.

85. Etude de cheval.

Ducq (Jos.-Franç.), né Belge, département de la Lys,
élève de Suvée,

rue Denis, maison Chaumont, n° 18.

Tableau allégorique.

86. L'Amour chassant les mauvais Songes.

Larg. 2 m. 70 c., haut. 65 c.

Ducreux (Joseph),

maison d'Angevillers, près l'Oratoire.

Portraits.

87. Du C. Xavier Audouin.
88. Du C. Pieyre, de l'Institut national.
89. Du C. Verdiere, général de division, commandant
la place de Paris.
90. Une étude.

Cne *Ducreux* (Rose), élève de son père.
maison d'Angevillers, près l'Oratoire.

91. Une étude.

Dumont, né à Lunéville, département de la Meurthe,
élève de Girardet,
aux Galeries du Muséum, n° 5.

92. Un cadre renfermant plusieurs portraits en miniature.

Dumont (N.-A.), né à Lunéville, élève de F. Dumont,
son frère,
rue Neuve-Egalité, n° 291.
Portraits peints.

93. La Citoyenne *** entre sa fille aînée et ses deux
petites jumelles.

94. Le général de brigade Dufresse, commandant la
première division, marchant sur Naples. Dans
le fond on voit cette ville et le mont Vésuve.

95. Le C. Martin, officier de santé, buste, grandeur
naturelle.

96. La citoyenne Martin, buste. idem.

Dunouy,
faubourg Denis, au-dessus de la foire Laurent,
n° 55.

97. Tableau, paysage, étude d'après nature.

98. Dessin, paysage représentant l'île enchantée où les
Portugais arrivent sous la conduite de Gama.
Sujet tiré de la *Lusiade de Camoens.*

Duperreux (A.-L.-R.), né à Paris,
rue du Mont-Blanc, au coin du boulevard.
Tableau.

99. Vue du Lac de Thun, en Helvétie, faite d'après
nature.

Haut. 5 déc. 8 c., larg. 4 déc. 4 c.
Ce tableau appartient à l'auteur.

Duplessis (M.-H.), élève de Descamps,
rue de l'Echiquier, n° 18.

100. Deux tableaux, pendans ; l'un représentant une
marche d'artillerie, l'autre une marche de
bagages.

Dupuis (F.-N.), né à Paris, élève de Lépicié,
professeur de Dessin à l'école centrale
du dép. d'Eure-et-Loir, Chartres.
Tableau.
Largeur. 1 m. un tiers, hauteur, 1 m.

101. Psyché à l'instant où elle vient de recevoir de
ses sœurs le poignard et la lampe.

Fayn, graveur.
rue Garenciers , n° 1100.

102. Trois Dessins à la plume, représentant des vues
d'après nature, des environs de la ville de
Liége, département de l'Ourthe, sous le même
numéro.

Fleury (Antoine), élève de Regnault,
rue de Chartres, n° 347.
Tableau.

Hauteur, 3 m. 24 c. sur 2 m. 24 c.

103. La fureur d'Athamas.

Junon ayant envoyé Tisiphone dans le palais

d'Athamas, y cause tant de trouble et de désordre, que ce prince, devenu furieux, écrase contre une muraille le jeune Léarque son fils; il poursuit ensuite sa femme Ino, qui se précipite dans la mer avec Mélicerte, son autre fils.

Fontallard (J.-F.), élève d'Augustin,
rue Neuve-Martin, n° 81.

104. Portrait de femme, grande miniature.
105. Portrait d'un chasseur, dessin à la manière noire.
106. Autre portrait, même manière.

Forbin (Augustin), élève de David.

107. Tableau, paysage représentant un matin avant le lever du soleil.

Ce tableau appartient au citoyen Siméon fils.

Fortin.

Tableaux.

108. Marine, tempête.
109. Une femme endormie.
110. Bas-relief, peint sur marbre noir, représentant des Bacchantes sacrifiant à l'Amour.
111. Une invocation à la nature et une esquisse, sous le même numéro.

Fournier (J.-S.),
rue des Deux-Boules-Opportune, n° 7.

112. Tableau représentant trois jeunes femmes offrant des fleurs à l'Amour.

Fragonard fils (Alexandre), élève de David,
galerie du Muséum, chez son père.

Dessins.

113. Psyché montrant ses richesses à ses deux sœurs.
114. Des balanceuses.
115. Portrait d'homme.

François (H.-J.), né dans le Luxembourg,
élève de Brenet.

Portraits peints.

116. Portrait de son fils.
117. Quatre autres portraits dont deux d'enfans. sous
le même numéro.

Fribourg, né à Paris, élève de Suvée,
rue Louis, près le palais de Justice, n° 23.

118. Portrait dessiné à la manière noire.
119. Autre portrait, miniature.

Fulchiron (J.-C.), né à Lyon,
à Paris, rue Helvétius.

120. Deux paysages peints d'après nature.

Garnerey (F.-J.), né à Paris, élève de David,
rue du Croissant, n° 2.

Portraits peints.

121. Du citoyen Ch...., homme de lettres.
122. De la citoyenne Piersse.
123. { Du citoyen Alix, graveur en couleur.
      { et celui de son épouse, même numéro.

124. Deux bas-reliefs imitant le bronze.

Garnier, né à Cloud, dép. de Seine-et-Oise,
élève de Pierre,
rue des Petites-Ecuries.

Tableaux.

125. Le coup de vent.
126. Une femme venant de recevoir le portrait de son
mari, le présente à la place qu'elle lui destine.

Citoyenne *Garnier* (Thérèse), née à Paris,
élève de Vestier,
rue du Faubourg-Montmartre, n° 25.

127. Trois portraits, un d'homme et deux de femmes,
sous le même numéro.

Gautherot (Claude), né à Paris, élève de David,
rue de l'Arbre-Sec, n° 247.

Tableau.

3 m. sur 2 m. un tiers.

128. Pyrame et Thisbé.

Métamorphoses d'Ovide, livre 1ᵉʳ.

Genain (Antoine), peintre,
aux ci-devant Carmes, place Maubert.

Dessins.

129. { L'un représente une colonnade dorique.
{ L'autre un site avec figures. Même numéro.

Ils appartiennent à la Société de la réunion
des Beaux-Arts.

130. Les ruines d'un temple antique, renfermées dans
un parc.

Ce dessin appartient au citoyen Jollain.

131. Fabriques, figures et paysages.

Ce dessin appartient à l'auteur.

Genillon.

au Palais national des Sciences et des Arts.

132. Dessin aquarelle, représentant le bombardement
de Fontarabie, fait sur les lieux, au moment de
l'action, d'après les ordres du ministre de la
marine.

Gensoul (J.), du département du Gard.
rue de Bondi, n° 51.

Tableaux : sujets.

133. Quintius Cincinnatus, après avoir occupé les
premières dignités de la république romaine,
retourna cultiver son champ. Il conduisait la
charrue quand il reçut la députation chargée
par le Sénat de lui faire accepter le comman-
dement des armées romaines.

134. Un jeune guerrier, armé pour la gloire, résiste
aux attraits des plaisirs.

135. Hercule, emblême de la force et du courage,
brise les chaînes qui tenaient la Vertu captive.

136. Portrait du C. Bouvier, représentant du peuple
au conseil des Cinq-Cents.

Le fond du tableau est une partie de la tri-
bune de la salle du conseil.

C^{ne} *Gensoul* (Ant^e femme), département
de la Seine.

Tableaux, sujets.

137. Le goûter de Philis et de Daphnis.

Philis, ayant apporté des figues, des grenades et du raisin, prit la plus grande grappe ; et mettant le premier grain sur les lèvres de Daphnis, elle mangea le second, et elle continua ainsi jusqu'à ce que la grappe fût mangée. La mère les regardait d'un air riant. (Extrait du poème de Gessner.)

138. Portrait de femme ayant une lettre à la main.

139. Une laitière portant son lait au marché.

140. Une jeune fille parlant à un jeune homme à la fenêtre.

Genty (J.-B.), né à Andouville, dép. du Loiret,
élève de David,
rue du Faubourg-Montmartre, n° 32.

141. Portrait peint d'un enfant tenant une corbeille de fleurs.

142. Portrait du C. Malbeste, artiste, dessin.

143. Portrait du C. Genty dans son atelier, occupé à faire un tableau. Derrière la toile est la Misère, représentée sous la figure d'une femme rongeant un os. Dessin.

C^{ne} *Gérard*, née à Grasse, département
du Var,
aux Galeries du Muséum, n° 1.

Tableaux.

144. Un jeune homme offrant un bouquet.

145. Portrait d'une femme assise, tenant une jeune
fille sur ses genoux.
146. Une jeune fille effeuillant une marguerite. Peint
sur bois.
147. Portrait de la citoyenne ***.

Girodet (A.-L.), né à Montargis, dép. du Loiret,
élève de David,
au Palais national des Sciences et des Arts.

Tableaux.
148. Portrait de la Citoyenne M. Simons, née Lange.
haut. 9 déc. sur 8.
149. Une jeune nymphe au bain, étude à mi-corps.
haut. 8 déc. sur 7.

Gounod (François-Louis),
aux Galeries du Louvre.

150. Une figure d'étude représentant un chasseur.
2 m. sur 1 m. 50 c.
151. Un portrait.

Granet (Marius), élève de David.

152. Tableau. Intérieur d'un cloître.

Guérin, élève de Regnault, pensionnaire
de la République.

Tableaux.
153. Le retour de Marcus Sextus.
Marcus Sextus, échappé aux proscriptions de

Sylla, trouve à son retour sa fille en pleurs auprès de sa femme expirée.

2 m. 50 c. sur 2 m. 25 c.

154. La séduction.

Harriet (F.-J.), élève de David,
faubourg Denis, près la rue de l'Echiquier.

155. Portrait de la Citoyenne G*** au bain.

1 m. 15 c.

Hennequin (P.-A.), né à Lyon, élève de David,
rue de Vaugirard, maison des ci-devant Carmes.

Tableau allégorique.

156. Le triomphe du peuple français, ou le 10 *Août*, allégorie relative à cette journée célèbre.

Le Peuple armé de sa massue, et tenant la balance de la justice, vient de renverser le colosse de la royauté, dont la chûte est exprimée par ses attributs brisés. Avec elle tombent les chaînes de l'esclavage et de l'ignorance qui sapent les chefs-d'œuvre des arts. Sur ces débris de la tyrannie s'élève la Liberté triomphante : d'une main elle s'appuie sur le Peuple, et semble s'identifier avec lui; de l'autre, elle pose une couronne sur le marbre qui doit transmettre à la postérité cette époque sublime de la révolution. Au-dessous, le chêne de la Vertu étend ses branches immortelles. Aux pieds de la Liberté s'agite la Discorde, dont la torche à demi-éteinte ne reçoit plus d'aliment : elle pousse des cris, et les serpents se replient sur sa tête, tandis que la Calomnie, implacable ennemie du Mérite et de l'Équité, déchire de sa dent venimeuse le laurier de la Gloire, et s'efforce de sa main crochue d'étendre sur l'inscription un voile ensanglanté.

Dans le haut du tableau est la Philosophie écartant les nuages qui cachaient la Vérité que le Temps amène. Cette Déesse, son miroir à la main, éblouit et terrasse les Crimes. La Rage, armée d'un glaive et s'arrachant les cheveux, le sombre Désespoir, la Fureur jetant un enfant qu'elle vient d'égorger, cherchent à se dérober à l'éclat victorieux qui les poursuit. Plus avant est le Fanatisme abattu, armant d'un fer homicide les mains de la Crédulité, qui s'attache encore à un autel renversé.

Sur le troisième plan, et à l'écart, paraît la Trahison. Cette dernière échappe seule à la juste punition du Peuple, derrière lequel elle se cache; elle ne peut soutenir les rayons de la Vérité, et déjà elle s'apprête à se couvrir de son masque et à se servir de son poignard.

Ce tableau a 6 m. 94 c. sur 4 m. 3 c. Il appartient à la République.

Henry, élève des citoyens Renault et Landon, maison Maulu, quai de l'Ecole.

Dessins.

157. Cinq portraits, sous le même numéro.

Hilaire (le Dru), du département de Calais,
rue des Fossés-Montmartre, n° 33.

Dessin.

Haut. 1 m., sur 75 c.

158. La fortune perdue.

Un jeune Savoyard et sa famille, assis sur
les degrés d'une maison, déplorent la perte de
la marmotte qui faisait leur gagne-pain. A la
croisée au-dessus d'eux, un enfant touché de
leur peine, leur donne furtivement l'argent
qu'il possède.

159. Un portrait.

Hooghstœl (Jean-Marie), élève de Vincent,
rue de la Monnaie, n° 15.

160. Portrait du C. ***.

Huet (Villiers), né à Paris, élève de son père,
au Palais national des Sciences et des Arts.

161. Un cadre renfermant plusieurs portraits; celui
du C. Huet, peintre, père de l'auteur, grande
miniature et autres, sous le même numéro.

162. Portrait d'étude, grande miniature.

Cne *Huin*, élève de David,
rue Mêlée, n° 51.

163. Figure d'étude.

164. Portrait d'homme.

Hyppolite (Auguste), élève de Regnault,
rue Honoré, Café militaire.

165. Un cadre renfermant des miniatures.

Jallier, l'un des architectes des bâtimens civils
de la République.

Trois dessins à l'aquarelle.
166. Vue de l'église de S. Etienne, à Caen.
167. Vue de celle de S. Patrice, à Bayeux.
168. Vue de l'église du village de Oyestrom, près le
bord de la mer, à deux myriamètres de Caen,
le jour de la fête du 14 juillet.

Ces vues appartiennent à l'auteur : il les a
dessinées et plusieurs autres, d'après nature,
pendant une mission que le gouvernement lui
avait donnée en l'an 6, pour Caen.

Cne *Janinet* (Sophie),
rue du Chaume, n° 4.

169. Un dessin à l'encre de la Chine, représentant la
mort de Lucrèce.

Isabey,

170. Dessin, 1 m. 15 c., sur 1 m.
Miniature. Même numéro.

Kinson (François), né à Bruges, département de la Lys,
élève de l'Ecole flamande,
aux Ecuries, rue Thomas-du-Louvre.

Tableau.
Haut. 2 m. 92 c. sur 2 m.

171. Portrait en pied d'une femme appuyée sur une
     harpe ; elle est vêtue d'une robe de soie noire
     drapée d'un schals rouge.

Lafontaine (M.-D.), né à Rambouillet, départem.
     de Seine-et-Oise,
     rue Honoré, n° 22.

172. Ruines d'architecture, à la gouache, représentant
     plusieurs monumens antiques , fragmens ,
     chûte d'eau. etc.

Lagrenée (A.-F.), fils de Lagrenée l'aîné,
     élève de Vincent,
     Galeries du Muséum.

173. Deux cadres, sous le même numéro, contenant
     des portraits en miniature et en camée.
     Peinture sous glace.

174. Une table ronde (de 86 centim. de diamètre),
     représentant ùn zéphir jetant des fleurs, en-
     touré d'une frise d'ornement rehaussée d'or.

175. Une table de 80 cent. sur 60 cent., représentant
     une course de chars grecque, ornée de deux
     panneaux sur fond d'or.

     Ce genre de peinture arabesque peut s'adapter
     et s'incruster à toute sorte de meubles, tels
     que table, cheminée, chiffonnière, glace, caba-
     ret, frise d'appartemens, panneaux de bou-
     doirs, etc., etc. Le temps ne peut la faire
     changer, ni l'or perdre son éclat, le travail
     étant fait derrière et sur la glace même.

Landon (Charles-Paul), né à Nonant, dép. de l'Orne,
élève de Renault,
au Palais national des Sciences et des Arts.

Tableaux.

176. Dédale et Icare.
177. Un portrait d'enfant.

Laneuville (J.-L.), né à Paris, élève de David,
maison Longueville, rue Thomas-du-Louvre.

Portraits.

178. { Le C. D..... } Représentans du peuple,
     { Le C. C...l. } dans leur costume.

Hauteur de chacun des tableaux, 1 m. 30 c.
sur 90 c.

179. Du C. Dubois de Crancé, ex-représentant du
peuple, avec son épouse.
180. Un portrait de femme.

1 m. 30 c. sur autant.

Larivière (Victor), né à Toulon,
élève d'Isabey.
Son atelier, rue Marc, n° 69, près celle
Montmartre.

Portraits, Dessins.

181. Du général M***.
182. De la Citoyenne ***.

Laurent (J.-A.),
rue Nicaise, n° 417.

183. Un cadre renfermant deux tableaux et quelques
portraits en miniatures.

Les deux tableaux représentent, l'un une jeune fille assise sur l'hoche d'une fontaine : on a essayé de peindre la douce mélancolie.

L'autre, un jeune chevrier jouant au bord d'un ruisseau, avec son chevreau chéri.

184. Deux paysages, dessinés au lavis, sous le même numéro; l'un le printemps, l'autre l'automne.

———————

Lebrun (Jacques), du département de Vaucluse, rue de la Loi, n° 748.

Tableau.

185. Porcia,

Dont le courage soutenait dignement la gloire de Caton son père, et de Brutus son époux, s'aperçut que celui-ci avait l'esprit agité de quelque grand dessein qu'il affectait de lui cacher. Elle aimait tendrement son mari, et voulait partager avec lui le poids de son inquiétude : en conséquence elle résolut de faire une épreuve sur elle-même, et d'essayer jusqu'où elle pourrait porter la constance à supporter la douleur, pour détruire la prévention contre les femmes, qu'on ne croit pas capables de garder un secret. Elle fait sortir de sa chambre toutes ses suivantes, prend un couteau et se l'enfonce profondément dans la cuisse. Le sang coule en abondance; les douleurs violentes sont bientôt suivies de la fièvre. Brutus, plein de trouble et d'alarmes, ne savait que penser : alors Porcia, d'un air calme, lui montre la blessure qu'elle s'est faite, et lui rend compte de son motif. Brutus, ravi en admiration, lui fait part de tout le projet de la conspiration, et il n'eut pas lieu de se repentir de la confiance qu'il prit en elle, et qu'elle avait si bien méritée.

Ce tableau appartient à l'auteur.

186. Clytemnestre,

Ayant découvert que, sous le prétexte d'unir sa fille à Achille, Agamemnon ne l'avait fait venir dans le camp des Grecs que pour immoler Iphigénie, s'échappe et fuit avec elle. Eriphile, leur captive, instruite de leur fuite, en prévient aussitôt le grand-prêtre Calchas, qui ordonne, au nom du ciel, ce barbare sacrifice, et de concert avec Ulysse, excite l'armée à la poursuite d'Iphigénie.

Gouache appartenant à l'auteur.

187. Portrait en pied d'une personne occupée à écrire.

188. Portraits de la famille de l'auteur.

Cne *Lebrun* (Rosalie), née à Paris,
élève d'Isabey,
rue J.-J. Rousseau, maison Bullion.

189. Le portrait de l'auteur, grande miniature.

Lecarpentier (B.), élève de Callais,
demeurant commune de Bussy-St-Georges,
canton de Lagny.

190. Tableau représentant le printems.

Citoyenne *Ledoux* (Jeanne-Philiberte), née à Paris,
élève de Greuze,
rue Lancry, n° 28, boulevard Martin.

191. Tableau représentant l'Amour surpris.

192. Tête de jeune fille, portrait.

193. Portrait du frère de l'auteur.

Lefèvre (Robert),
rue d'Orléans-Honoré, n° 7.

Tableaux.

194. Andromède attachée à un rocher par l'ordre de Junon, pour être dévorée par un monstre marin. L'Amour pleure sur le sort qui attend cette malheureuse victime.

195. Le portrait d'un chasseur se reposant et caressant son chien.

196. Portrait de la mère de la Citoyenne Devienne.

197. Plusieurs autres portraits, sous le même numéro.

Le Guay,
rue de Bondi, n° 17.

198. Plusieurs portraits peints sur porcelaine de la manufacture de Dihl et Guerhard, sous le même numéro.

Cne *Le Guay*,
rue de Bondi, n° 17.

199. Plusieurs Dessins, sous le même numéro.

Legrand (P.-S.), né à Rouen.

Tableau de 3 m. 58 c., sur 2 m. 60 c.
Prix d'encouragement.

200. La mort de Pline l'ancien, physicien et naturaliste, lors de la première éruption du Vésuve.

Aux calendes de Novembre, Pline fut averti qu'il paraissait sur le Mont Vésuve un nuage d'une forme extraordinaire : il juge le phénomène digne d'être examiné de plus près : il s'embarque, dirige sa course droit au danger ; il écrit sur ses tablettes les différentes formes que prenait successivement ce phénomène terrible ; mais les vaisseaux se couvraient de cendres, de pierres noircies, calcinées, mises en éclat par la violence du feu. Il s'arrête, incertain s'il ne revirera pas ; le pilote l'y exhortait ; il rejette ce conseil timide...... La fortune, dit-il, favorise les hommes courageux ; allons à Stabies où est actuellement Pomponianus ; c'était un de ses amis qu'il trouva occupé à faire les préparatifs nécessaires pour échapper, par la fuite, au péril qui le menaçait. La terreur était dans tous les cœurs, les discours tranquilles de Pline ne consolent personne ; sa froide raison ne calme point les esprits. Le péril est évident ; la maison est tellement ébranlée par les fréquens tremblemens de terre, qu'elle menace à tout moment d'une chute prochaine. Enfin, on se détermine à sortir ; et pour se garantir des pierres, chacun s'attache des coussins sur la tête. Déjà le soleil commençait à paraître, mais il était rougeâtre ; autour de Pline circulait une vapeur sombre qu'il fallait vaincre par la lumière des flambeaux. On gagna le rivage pour voir si la mer était navigable ; elle était plus furieuse que jamais. Pline se jeta sur un drap qu'il fit étendre par terre; il demanda une seconde fois de l'eau froide qu'il but. Dans le moment se répand une odeur de soufre que la flamme suivit de près. Tout le monde se sauve. Pline se lève, appuyé sur deux esclaves; mais suffoqué par la vapeur, il tombe, et Pline est mort.

Esquisse.

201. Chûte de Phaëton.

Tableau de 1 m. 30 c., sur 1 m. 8 c.

C'est le moment où la Terre embrâsée, offre sa prière à Jupiter. On voit autour de cette déesse, des mères au désespoir, poser sur leurs seins des enfans naissans. Ces innocentes créatures semblent aussi implorer la mère commune. La déesse est exaucée, Jupiter lance la foudre contre un jeune orgueilleux dont l'ignorance et la vanité ont failli anéantir le genre humain.

202. Esquisse de la mort de Pline.

203. Deux têtes d'étude sous le même numéro.

204. Des enfans au bain.

Ces tableaux appartiennent à l'auteur.

205. Le retour à l'amitié.

L'auteur a voulu représenter le tems de l'âge où les feux de l'Amour commencent à s'éteindre; mais les époux se retournant vers la douce Amitié, voyent encore un avenir consolant et heureux. Pénétrés de cette idée, ils disent : si l'Amour s'envole, du moins la sincère Amitié nous reste : nous n'avons rien perdu.....

Lejeune, élève de Valenciennes.

Tableau.

206. Premier passage du Rhin, le 20 Fructidor an 3.

Cette action ouvrit aux armées françaises la route qu'elles ont tenue à diverses reprises en Allemagne, au-delà du Rhin, jusqu'aux frontières de la Bohême. Elle fut commandée par le général en chef Jourdan, sur toute la ligne du Rhin, et sur ce point par le général Kléber, ayant sous ses ordres les généraux de divisions Lefèvre, Championnet, Grenier et Tilly. Le général du génie, Déjean, dirigea les détails, tels que ponts de bateaux et autres objets de passage qu'il fit préparer en Hollande. Le général Damas y fut blessé.

La vue est d'après nature.

Lemagniet (N.-F.), né à Paris, élève de Vien père, rue de Cléry, n° 58.

207. Plusieurs dessins, sous le même numéro.

Citoyenne *Lemoine* (M.-V.), née à Paris, rue des Moulins.

Tableau; haut. 2 m., larg. 1 m. 36 c.

208. Une jeune femme appuyée sur le bord d'une croisée.

Lemonier, peintre, au Palais national des Sciences et des Arts.

209. Esquisse d'un fort grand tableau que fait l'auteur, représentant les ambassadeurs du sénat de

Rome devant l'aréopage d'Athènes, chargés d'en rapporter les lois de Solon.

An de Rome, 3oo.

2 1o, Portrait en pied du C. D***.

———

Cne *Lenoir* (née Binard),
au Musée des monumens français.

Portraits.

2 1 1. Du C. Gauthier de Claubri, chirurgien.
2 1 2. D'une jeune personne.
2 1 3. Du C. Sage, démonstrateur de chimie.

———

Lepeintre père,
rue André-des-Arts, n° 42.

2 14. Un tableau de genre.
2 15. Deux portraits en pieds, l'un d'homme, l'autre de femme. Même numéro.

———

Leroy (François), né à Liancourt,
élève de Vien,
rue du Hurepoix, n° 18.

2 16. Tableau représentant un vieillard qui vend des Amours de plâtre à des jeunes filles.
2 17. Paysage peint à gouache.

———

Lethiers,
au Palais national des Sciences et des Arts.

Portraits peints.

2 18. Une femme à la harpe.
2 19. Une femme appuyée sur un porte-feuille.

Citoyenne *Mayer* (Constance),
rue de la Loi, n° 904.

Tableaux.

220. Une petite fille en prière.
221. Une jeune personne surprise par un coup de vent.
222. Portrait d'enfant.
223. Miniature à l'huile, représentant une petite fille tenant une colombe.

Mérimée (J.-F.-L.), élève de Vincent,
au Palais national des Sciences et des Arts.

224. Tableau représentant Vertumne et Pomone.

Citoyenne *Milet-Mureau* (Iphigénie).

Tableau de fleurs.

225. Une corbeille et un vase placés sur une balus-trade et remplis de fleurs.
226. Tableau de fruits.

Mongin (P.-A.), né à Paris,
rue de Sèvres, n° 1104.

Gouaches.

227. Des baigneuses surprises par des hussards.
228. Robinson est saisi d'épouvante à la vue de l'impression sur le sable du pied d'un sauvage.
229. Robinson panse un chevreau qu'il a blessé.
230. Deux vues des Palestres des Tuileries, sous le même numéro.

Moreau (L.-G.), né à Paris, élève de Machy,
au Palais national des Sciences et des Arts.

231. Huit tableaux dont quatre peints à l'huile et
quatre à gouache, représentant différens paysages, sous le même numéro.

232. Un autre tableau représentant un orage.

Citoyenne *Morin*, née à Nantes, élève de Lethiers.

233. Tableau, portrait de femme, sur un fond de
paysage.

234. Dessin, portrait de femme, fond de paysage.

Mouchet, né à Gray, dép. de la Haute-Saône,
au Palais national des Sciences et des Arts.

Tableau de 3 m. deux tiers de haut, sur 3 m.
de large, qui fait partie des travaux d'encouragement décrétés par l'Assemblée législative.

235. Le 9 Thermidor, ou le triomphe de la Justice,
allégorie.

Le Génie de la France, après avoir précipité
la Terreur dans le fleuve de sang qu'elle-même
avait fait couler, rétablit l'empire de la justice,
et la couvre de son égide; il tient le livre de la
Constitution ouvert à cet article : La Loi est la
même pour tous, soit qu'elle protége, soit qu'elle
punisse.

La Justice, d'une main appuyée sur ce livre,
tient le glaive, et des couronnes; de l'autre elle
accueille la Vérité qui descend du ciel pour
l'éclairer dans la distribution des récompenses
et des peines.

L'Innocence, sous la figure d'un enfant, repose sur les genoux de la Justice.

Dans l'un des coins du tableau, un petit Génie répand sur la terre une douce rosée qui revivifie tous les germes que le passage de la Terreur avait desséchés.

Dans l'autre coin, des bastilles sont consumées par la foudre.

Munier (A.-J.), né à Paris, élève de Demarnes,
Place des Quatre-Nations, n° 1890.

236. Tableau, paysage avec animaux, vue de Suisse du côté de Berne.

237. Tableau, intérieur de cour, étude d'après nature.

238. Autre paysage, d'après nature, appartenant à l'auteur.

Musson,
boulevard Montmartre, maison Mercy, n° 24.

239. Un cadre renfermant plusieurs miniatures.

Naudet (Charles),
rue des Prêtres-Germain-l'Auxerrois, n° 46.

240. Tableau peint à gouache; vue des Tuileries, prise de la place de la Révolution.

Odevaere (J.), né à Bruges, département de la Lys,
élève de Suvée,
à Paris, cloître Nicolas.

241. Tableau représentant un jeune homme avec un cheval.

Haut. 2 m, 64 c., sur 2 m. 16 c.

242. Autre tableau représentant Ajax.
     Haut. 2 m. 16 c., larg. 1 m. 64 c.

Citoyenne Femme *Oyon*, élève de la Citoyenne
            Lebrun,
     rue des Fossés-Montmartre, n° 25.

243. Un portrait d'enfant.

Pallière (E.), né à Bordeaux, élève de Vincent,
     Place de la Révolution, arcade n° 2.

Tableaux, Sujets.

244. Le vent ayant rompu un arbre, et séparé deux
     noms qui y étaient gravés, des amans vou-
     draient les réunir.
245. Une mère promenait ses deux enfans dans un
     bateau dont elle tirait la corde, marchant sur
     le bord d'un lac, la corde rompt, et son chien
     fidelle tâche d'en saisir le bout que l'on voit
     flotter.
246. Portrait de la Citoyenne P***, avec ses enfans :
     d'une main elle tient un porte-crayon, et de
     l'autre le portrait de son mari.
247. Portrait du C. ***, appuyé sur un rocher, où il
     vient de graver : *A l'amitié je dois mon
     bonheur*.

Citoyenne *Peigné*, élève de Chardin, et de Van
            Spaendonck,
     demeurant à Versailles.

248. Un Tableau représentant un vase rempli de

fleurs, posé sur une table de marbre et entouré de fruits.

249. Tableau représentant un vase de bronze et des fleurs dans un panier, posé sur un soc de marbre.

250. Deux petits tableaux de fleurs et de fruits. Même numéro.

Perrin,

au Palais national des Sciences et des Arts.

Tableau de 3 m., sur 2 m. et demi.

251. Sujet tiré de Lucrèce, lorsqu'il parle des premiers habitans de la terre.

Ils se retiraient dans les antres comme les animaux féroces qu'ils étaient obligés de combattre pour leur conservation. Ils n'avaient pas encore eu l'intelligence de se construire des cabanes, ni même de se vêtir des dépouilles de leurs ennemis.

L'action du tableau est ce combat. Sur le devant, les femmes, inquiètes du succès, fuient effrayées, emmenant leurs enfans.

Peyron (J.-F.-P.), né à Aix, département
des Bouches-du-Rhône,
élève de Lagrenée l'aîné,
au Palais national des Sciences et des Arts.

252. Tableau allégorique représentant le Tems et Minerve, qui n'accordent l'immortalité qu'à ceux qui ont bien mérité de leur patrie.

Solon, comme Sage et Législateur, se présente à leur jugement : Platon, disciple de Socrate, doit bientôt l'éprouver.

La Sagesse propose, et le Tems indique la place que les Grands-Hommes doivent occuper dans le Temple de mémoire.

Le Génie de l'Histoire attend leur décision pour la transmettre à la Postérité.

Ce tableau de 2 m. de haut. sur 1 m. 1 quart de large, est un prix d'encouragement accordé à l'auteur par le Jury de l'an III.

253. Esquisse du même sujet, composée différemment.

Petit (Louis), né à Paris,
rue du Faubourg-Poissonnière, n° 92.

254. Portrait de femme.

255. Portrait du C. Leclerc, élève de l'école d'Architecture.

256. Un Bas-relief d'après nature.

Petit (P.-J.), élève de Hue,
rue de l'Echiquier, faub. Denis, n° 36.

Tableaux, Paysages.

257. Vue d'Italie et animaux.

258. Vue d'Albano, aux environs de Rome.

Pfab (Jean-Pierre), Danois,
rue Roch-Poissonnière, n° 7.

Tableau.

259. Portrait de son enfant avec sa nourrice.

Pinchon,
rue Caumartin, n° 744.

260. Deux portraits en pied.

Citoyenne *Pottier* (Esther), née à Paris,
rue du Ponceau, n° 27.

261. Portrait de femme.

Prévost (P.), né à Montigny, département
d'Eure-et-Loire, élève de Moreth,
rue Grange-aux-Belles, n° 1.

262. Tableau, paysage au crépuscule.
1 m. 32 c., sur 2 m.

Prévost (J.-L.), né à Nointel, département
de Seine-et-Oise, élève de Bachelier,
rue Cadet, n° 443.

263. Un tableau de fleurs.
264. Un tableau de fleurs et fruits, peint à gouache,
ovale.

Prud'hon (P.-P.), né à Cluny, département
de Saône-et-Loire,
au Palais national des Sciences et des Arts.

Tableau allégorique, de 3 m. 66 c. carré.

265. La Sagesse et la Vérité descendent sur la terre,
et les ténèbres qui la couvrent se dissipent à
leur approche.
266. Quatre projets de frises, analogues aux quatre
saisons; Dessins, sous le même numéro.

Rabillon (P.-P.), natif de Beaucaire, départ.
du Gard, élève de Regnault.

267. Reproches d'Hector à Pâris.

Hector, fils de Priam, n'apercevant point son frère Pâris, à l'instant où l'on allait combattre, le cherche et le trouve auprès du lit d'Hélène sa femme. Enflammé de colère, il lui reproche sa mollesse au moment où sa patrie est sur le point d'être saccagée par les Grecs.

Citoyenne *Rat* (Henriette), née à Genève, élève d'Isabey.

268. Une tête, grande miniature, d'après nature, représentant Platon tenant son traité de l'Immortalité de l'Ame.

Ravault (Ange-René), né à Montargis,
élève de Suvée,
rue Montmartre, n° 15.

Tableau allégorique.

269. Bonaparte invoquant la fortune.

Bonaparte commande le débarquement dès qu'il est à la vue de la côte d'Egypte, et l'effectue malgré la violence des flots. C'est en ce moment qu'il s'écrie : *Fortune, m'abandonnerais-tu ? Quoi ! cinq jours seulement.* A cette exclamation, le Génie de la Victoire apparaît : d'une main il écarte le trident dont Neptune, indigné d'une audace fatale aux Anglais qu'il favorise, soulève les flots ; de l'autre il tend

, à Bonaparte la nouvelle palme qui lui est
promise.

6 déc. 4 c. sur 5 déc. 5 c.

Riesnerr, élève de David,
à l'Arsenal.

270. Portrait d'un père et de son fils.

Robinot (Auguste),
rue du Croissant, n° 16.

271. Un cadre renfermant quatre portraits peints à
l'huile, et la tête d'un chien.

Roéhn (Adolphe), né à Paris,
rue de Lille, n° 644.

272. Tableau représentant un marché.
273. Tableau représentant une halte de soldats espa-
gnols.

Ces 2 Tabl. appartiennent à l'auteur.

Romany (Adèle), élève de Regnault,
rue du Mont-Blanc, n° 21.

Portraits.

274. De la Cne R. en pied, dessinant dans un paysage.
275. Du C. F. en pied, dans un paysage.
276. D'une jeune fille assise sur un tabouret.
277. Tableau représentant deux jeunes femmes occu-
pées d'une lecture.
278. Tableau : l'Amour se plaignant à sa mère d'avoir
été piqué par une abeille.
279. Deux Portraits ovales, sous le même numéro.

Sablet (Jacob), né à Mohge en Suisse,
canton Léman, élève de Vien,
au Palais national des Sciences et des Arts.

280. Un tableau représentant la Tarentelle, danse na-
politaine.
Larg. 2 m., haut. 1 m. 30 c.
281. Portrait d'un ami de l'auteur.
282. Tête, grandeur nature. Portrait.
283. Portrait du C. Vaume.
284. Deux Portraits en pied, sous le même n°.

Sablet (François), né à Mohge en Suisse,
élève de Vien.

285. Tableau représentant un orage.
286. Paysage avec figures.
287. Deux Intérieurs, sous le même n°.
288. Deux Portraits, sous le même n°.

Schmid (J.-J.), né à Paris,
rue de Seine, n° 78.

Tableaux, Paysages.

289. Deux Pendans : un matin et un coucher du
soleil. Même numéro.
290. Quatre paysages, représentant les quatre heures
du jour. Même n°.
291. Quatre paysages. Même n°.
292. Vue d'un lac en Suisse.
293. L'antre d'un rocher.
Ces Tabl. appartiennent à l'auteur.

Serangeli, né à Rome, élève de David,
rue J.-J. Rousseau, maison Bullion.

294. Portrait. Tableau de deux figures.
Dim. 2 m. sur 1 m. 35 c.

Sergent-Marceau,
au Rosenthal, à Chaillot, n° 1.

Dessin aquarelle.

295. Il représente les costumes des filles suisses, pay-
sanes bernoises, servantes du margraviat, de
la Forêt noire. Elles sont groupées dans l'intérieur d'une chambre suisse, et s'occupent à différens travaux.

Dessiné d'après les femmes qui servent dans
la vacherie suisse du Rosenthal, ferme établie
dans le jardin Marbeuf, connu sous le nom
d'Idalie.

Sicardi, né à Avignon, élève de son père,
rue du ci-devant Petit-Bourbon, faubourg Germain,
n° 721.

296. Un cadre contenant plusieurs miniatures.
297. Portrait à l'huile, de la Cne Devienne, actrice du
Théâtre français.
298. Portrait d'homme.

Citoyenne *Silvestre,* élève de Regnault.

299. Portrait du C. Giroult, sculpteur.
300. Deux autres portraits, sous le même n°.

Citoyenne *Smitt*, d'Amsterdam.

3o1. Un Paysage à l'aquarelle.

Swagers (F.), né à Utrecht,
rue de l'Echiquier, n° 36.

Tableaux, marines.

3o2. Une mer calme, plusieurs vaisseaux hollandais,
vue d'une matinée.

3o3. Une mer agitée, vue des environs du Moordik,
vaisseaux hollandais.

Par la Citoyenne femme *Swagers*, née à Paris.

3o4. Dessin au crayon noir, portrait d'homme d'après
nature.

Swebac (dit Desfontaines),
rue Martin, n° 179.

Tableaux.

3o5. Le derrière d'une armée, au moment d'une atta-
que générale.

3o6. Course à Cheval.

3o7. Chasse au cerf.

Ces tableaux appartiennent au C. Duval,
marchand, boulevard Martin, n° 29.

Taillasson (J.-J.), né à Bordeaux,
élève de Vien,
au Palais national des Sciences et des Arts.

3o8. Olympias.

Cassandre, un des successeurs d'Alexandre,
envoya une troupe de soldats pour tuer Olympias, retirée avec sa famille dans Pydna. Désar-

més par le respect, ayant eux-mêmes horreur d'un assassinat, ils ne voulurent pas obéir.

Le peintre suppose qu'elle était dans un lieu où il y avait une statue de son fils, et qu'en découvrant son sein, en montrant la statue, elle s'écria : Osez frapper la mère d'Alexandre.

Taré,
à l'Ecole centrale du Panthéon.

309. Portrait d'homme, au pastel.
310. Portrait de femme, à l'huile,
311. Etude de raisin.
312. Esquisse, offrande à Jupiter.
313. Académie, d'après nature.
314. Esquisse, faite à Bucques, d'après nature.

Taurel (J.), né à Toulon, élève de Doyen,
rue du Faubourg-Poissonnière, n° 31.

315. Tableau, marine.

2 m. 60 c. sur 1 m. 60 c.

Il représente l'entrée de l'armée de la République française, commandée par le général Championnet, dans la ville de Naples : le point de vue est pris au bord de la mer, sur le chemin qui conduit à Portici.

Ce tableau appartient à l'auteur.

Valin (J.-A.),
rue André-des-Arts, n° 42.

Tableaux.

316. L'Amour conduisant deux amans au temple de l'Hymen.

317. Un paysage avec des baigneuses.
318. Deux intérieurs de corps-de-garde hollandais.
> Ces 2 derniers appartiennent à l'auteur.

Wallaert (Pierre), né à Lille,
rue Honoré, n° 1436.

Tableaux, Marines.

319. Vue de la ville et du port de Cadix, prise du
côté du fort de la porte de terre.
> Ce tableau appartient à l'auteur.
320. Un clair de lune.
> Ce tabl. appart. au C. Lange, sculpteur.

Citoyenne *Vallain* (Nanine).

Portraits.

321. D'un jeune homme peint à l'huile.
322. De la C^{ne} A. V., actrice du théâtre des Arts,
miniature.
323. De la C^{ne} A. G., dessin.

Van Dael (J.), né à Anvers,
au Palais national des Sciences et des Arts.

Tableau.

324. Offrande à Flore.
> Devant la déesse, sur un autel d'albâtre, orné
de bas-reliefs, on voit une masse de fleurs.
Au pied de la statue qui est entourée de guirlandes, sont des corbeilles, des vases remplis
aussi de fleurs, et des instrumens de musique.
> Haut. 2 m. sur 5 déc.

Van der Burch,

au Palais national des Sciences et des Arts.

325. Un paysage historique.

Haut. 3 m. 59 c.; larg. 2 m. 59 c.

Un laboureur des fermes d'Aumont, commune de Monsérat, département de l'Ariége, nommé Philippe Rouzeau, affligé de voir son pays désolé par les ravages qu'un ours y faisait, en dévorant les troupeaux, résolut de faire la chasse à ce redoutable animal. En effet, n'ayant d'autre arme que son fusil, d'autre compagnon que son chien, il tenta seul une si périlleuse entreprise, et fut assez heureux pour le tuer. Le moment représenté est celui où Rouzeau ayant découvert la retraite de l'ours, dans une gorge étroite, profonde et ténébreuse, sur les bords d'un précipice affreux, s'avance, pénètre, découvre enfin le terrible animal, dont les proportions gigantesques ne peuvent l'intimider. Maître de lui, il l'observe, l'examine, et l'ajuste d'un bras ferme : le coup part; il est mortel; il a porté entre l'épaule et le corps. Un cri effroyable de l'ours épouvante le chien de Rouzeau, qui se réfugie, en tremblant, aux pieds de son maître. Tout-à-coup l'ours furieux s'élance; Rouzeau n'a plus d'arme; c'est en vain qu'il veut éloigner le féroce animal avec le bout de son fusil; l'ours se jette sur le canon, le saisit et des pattes et des dents, le secoue, l'arrache, se précipite sur Rouzeau, le terrasse. L'intrépide chasseur saisit un de ses sabots, en frappe à coups redoublés sur les dents du monstre, et parvient à lui faire lâcher prise ; puis, profitant du moment où l'animal épuisé chancèle, il saute sur lui, lui appuie fortement les genoux sur la poitrine ; et tandis que son chien, ranimé par le danger de son maître, tient l'ours en arrêt par une oreille, le téméraire Rouzeau lui plonge le bras droit dans la gueule, lui intercepte la respiration, et après une heure de combat, il parvient à l'étouffer.

Ce tableau est un prix d'encouragement.

326. Un petit paysage sur bois.

Van Gorp (H.-N.), né à Paris,
rue Honoré, n° 203.

327. Portrait du C. Robertson, physicien.
328. Portrait d'enfant faisant des bulles de savon.
329. Portrait de l'auteur, par lui-même.

Van Loo (César),
rue Notre-Dame des Victoires, n° 20.

Trois tableaux de même dimension.
Larg. 1 m. 78 c., haut. 1 m. 40 c.

330. Vue du chemin qui conduit à Veroli, dans l'Abruzze.
331. Vue des montagnes du Piémont, coùvertes de neige.
332. Vue de Castellamare dans les états de Naples.

Le sujet est Marius que Geminius fait poursuivre par ordre du sénat romain.

Van Pol, peintre,
rue de l'Echiquier, n° 36.

333. Deux tableaux de fleurs. Même numéro.

Vauzelle, élève de Perrin,
rue Croix, près les Capucins, n° 13.

Dessin.

334. Vue de la salle du 13ᵉ siècle, au Musée des monumens français.

Ce Dessin appartient au C. Lenoir, conservateur.

335. Deux portraits de femme, sous le même numéro.

Vernet,
Galeries du Muséum.

Dessins.

336. Bataille de Millésimo.
337. Bataille de Mondovi.
338. Passage du Pô, devant Plaisance.
339. Bataille de Lodi.
340. Bataille de Saint-Georges, sous Mantoue, le 29 Fructidor.

Ces dessins font partie des tableaux historiques des campagnes et révolutions d'Italie, pendant les ans 4, 5, 6, et 7 de l'ère républicaine, dont la première livraison paraît. On souscrit rue Lazare, n° 88, division du Mont Blanc.

341. Un hussard français dans une sortie.

Vien fils (J.-M.), élève de son père
et de Vincent,
place du Muséum.

Portrait.

342. De la Cⁿᵉ Vien.
343. Un cadre renfermant trois miniatures à l'huile :
portrait de la Cⁿᵉ Présye, femme de l'adjudant-
général; celui de la Cᵖᶜ Baillard, femme d'un
négociant; celui du Cit. Tastory, négociant.

Citoyenne Femme *Villers* (née Lemoine),
élève de Giraudet.

Tableaux.

344. La Peinture.
345. Une Bacchante endormie.
346. Un portrait.

Vincent (F.-Ph.), né à Paris, élève de David,
rue de la Monnaye, n° 14.

347. Portrait de l'auteur, peint à l'huile, par lui-
même.

Dessins.

348. Un naufrage.
349. Une femme dormant au clair de la lune.
350. Vénus sortant du sein des ondes.
351. Psyché surprise par l'Amour.

Ces 4 compositions appartiennent à l'auteur.

352. Autre portrait de l'auteur, dessiné par lui-même.

Vincent (Louis), né à Versailles, élève
de Lagrenée le jeune,
rue de Varennes, n° 1495.

Tableaux.

353. Œdipe détaché de l'arbre par le berger Phorbas.

L'oracle avait prédit à Laius, roi de Thèbes, que l'enfant qui naîtrait de son mariage avec Jocaste, lui donnerait la mort. Laius, l'esprit troublé de la prédiction, ordonna à un domestique affidé d'aller exposer l'enfant dans un lieu désert, et de l'y faire périr. Celui-ci, touché de pitié, se contenta de lui lier les pieds, et le suspendit à un arbre, ce qui fit donner à l'enfant le nom d'Œdipe, qui signifie, *j'ai le pied enflé*.

Ce tableau appartient au Citoyen Hébert, architecte.

354. Animaux buvant à une fontaine, peint sur bois.

Ce tableau appartient au Citoyen Guédin, entrepreneur.

SCULPTURE.

Boquet.

400. Esquisse représentant le Génie de la liberté traçant sur des tablettes les victoires des Français.

401. Esquisse d'un tombeau.

Boyer (J. L.),
rue Laurent, n° 8.

402. Un buste, portrait du C. Livry, en marbre, grande nature.

403. Un cheval, terre cuite.

Boizot, né à Paris, élève de Michel-Ange Slodz,
au Palais national des Sciences et des Arts.

404. Quatre bas-reliefs en plâtre :
La Morale et l'Instruction,
Le Commerce et l'Industrie,
L'Abondance et l'Agriculture,
La Victoire et la Paix.
Ces ouvrages sont destinés à orner les portes d'un salon au palais directorial.

Bridan fils, né à Paris, élève de son père,
au Palais national des Sciences et des Arts.

405. Pâris présentant la pomme à Vénus.
Fig. en plâtre d'un m. 80 c. de proportion.

Budelot (J.-B.), né à Dijon, élève de Bridaut,
rue du Coq-Honoré, n° 134.

406. Groupe de l'Amour et l'Amitié.
407. Danaé recevant Jupiter en pluie d'or.
    Ces deux plâtres bronzés, sujets de pendules.
408. Une tête de Flore, plâtre, grandeur nature.
    Ces ouvrages appartiennent à l'auteur.

Couasnon, né à Culan, dép. du Cher,
élève de d'Huez,
rue de Thionville, n° 45.

409. Deux enfans, portraits demi-nature. Même
    numéro.
410. Quatre bustes, grandeur nature, dont l'un repré-
    sente Clément Marot, terre cuite; un autre le
    C. Parmentier, membre de l'Institut, plâtre
    couleur terre cuite, et un portrait d'homme et
    de femme, terre cuite. Même numéro.
411. Un buste d'homme, demi-nature.

Delaitre,
rue du Faubourg-Martin, n° 37.

412. Deux têtes d'après nature, l'une d'une jeune fille,
    l'autre d'un enfant.

Delaville, élève de Boizot.

413. Un groupe représentant des enfans jouant à la
    main-chaude.

Deseine,
au Palais national des Sciences et des Arts.

414. Une statue, modèle en plâtre, représentant une nayade exprimant l'eau de ses cheveux.

Proportion, 1 m. 50 c.

Citoyenne *Drouin* (née Lemaistre).

415. Le buste du général Léonard Muller, commandant en chef l'armée du Rhin.

416. Portrait du C. Pajou, père, sculpteur, membre de l'Institut national.

417. Autre buste, portrait d'une jeune fille.

Ces trois plâtres, couleur terre cuite, grandeur nature.

Dumont, né à Paris, élève de Pajou.

418. Deux petites figures, l'une de femme, l'autre d'un jeune homme, couchées sur des lits et tenant des couronnes. Terre cuite.

419. Buste de la C^{ne} Ve Dumont.

420. Une figure de liberté.

Egensviler, élève de Mouchy.
rue Maubuée, n° 530.

421. Sujet de pendule en marbre, représentant le génie de Jupiter et accessoires.

Cet ouvrage appartient à l'auteur.

Fortin,

422. Un buste en plâtre.

Foucou (J.-J.), né à Riez, département des
Basses-Alpes,
au Palais national des Sciences et des Arts.

423. Duguesclin.

« A la célèbre journée de Cocherel, où Du-
» guesclin remporta la victoire sur les Anglais,
» il courait partout les bras nus et l'épée en-
» sanglantée à la main, criant aux Français :
» Vaillans compagnons, la victoire est à nous! »

Cette statue, en marbre, a été ordonnée par
le gouvernement : elle est de deux mètres de
proportion.

Julien,
au Palais national des Sciences et des Arts.

424. L'Etude assise et appuyée sur un tombeau égyp-
tien, figure en marbre,
de 60 c. sur 40 c.

Cette figure appartient à l'auteur.

425. Un groupe représentant le Tems portant un
globe contenant une pendule, marchant sur des
ruines, et accompagné de son génie qui lui
montre un sablier.

Haut. 1 m. 30 c., larg. 46 c.

Lange, de Toulouse,
aux ci-devant Capucins, chaussée d'Antin.

426. Philopœmène, Mégalopolitain.

A la tête de ses concitoyens, combattant leurs
ennemis, il reçut un javelot qui lui perça les
cuisses de part en part. Les plaies n'étaient pas

mortelles, mais elles l'empêchaient de marcher.
Se voyant inutile pendant le fort du combat, il
s'agite avec tant d'impatience, qu'il rompit le
javelot entre ses cuisses; il en arracha les tron-
çons et fut combattre de rechef les ennemis,
qu'il vainquit.

Modèle en plâtre, 1 m. 2 c. de hauteur.

427. Tête en plâtre, moulée sur le marbre original qui
a été exécuté par l'artiste.

Elle représente le caractère bon, impassible,
calme et parfait de la divinité, qui ne participe
à aucune passion humaine.

Cette tête a été faite pour étude, devant servir
à un groupe de trois figures que l'artiste a
composé, et qu'il espère pouvoir exécuter s'il
parvient à en avoir les fonds.

Lucas (J.-R.-N.), né à Rouen, élève de **Pigalle**,
rue Mêlée, n° 75.

428. Portrait de femme, médaillon grandeur nature.
429. Une vestale, figure en terre cuite.

Elle appartient à l'auteur.

430. Bélisaire, figure d'étude en plâtre.

1 m. de proportion.

Mérard (Pierre),
rue Neuve-Martin, n° 88.

431. Deux bustes, portraits, grandeur nature.

Citoyenne *Milot*,
maison d'Angevilers.

432. Buste d'Algernon Sidney, martyr de la Liberté en
Angleterre.

433. Buste de la C^{ne} Joly, actrice du Théâtre français,
fait après sa mort.

Petitot (Pierre),
faubourg Honoré, n° 117.

434. La Concorde, esquisse en plâtre.
Projet d'exécution du prix d'encouragement
obtenu par l'auteur au concours de l'an 7.

Renaud (J.-M.), né à Sarguemines, départ.
du Bas-Rhin,
rue ci-devant cul-de-sac Taitbout, n° 20.

435. Portrait du C. Robertson.
436. Portrait de femme.
437. Autre portrait, tous trois encadrés.

Sigisbert,
rue de la Ville-l'Evêque, n° 991.

438. Iris exécute le message de Junon, en coupant à
Didon le cheveu fatal qui unissait son âme à
son corps. La déesse remonte à l'Olympe sur
son arc-en-ciel.
439. Le buste en marbre de Lucrèce, sortant du lit
après l'action de Tarquin.
440. Statue, figure de l'Antinoüs.

Suzanne, sculpteur, élève de d'Huetz,
rue des Messageries, n° 18, faub. et div.
Poissonnière.

441. Une figure bronzée, de 40 c. de proportion, re-

présentant le général Bonaparte, fait d'après nature pour un des frères d'armes de ce général.

442. Une figure cariatide, d'un mètre de proportion, servant de candélabre, et pouvant être employée à tout autre sujet, si on le désire.

443. La Liberté, modèle en plâtre, de 2 mètres de proportion, s'appuyant de la main droite sur un faisceau, tenant dans sa main les emblèmes de la force et de l'agriculture; de la gauche elle maintient la table des lois, posée sur un cube emblême de la stabilité; elle a sur sa tête le symbole du Génie des arts et du commerce.

Nota. Cette figure est le prix d'un concours national donné au C. Morgant, en l'an 2 de la République; mais la mort l'ayant frappé pendant l'ébauche de cet ouvrage, il fut nommé, en vertu d'un ordre du ministre de l'intérieur, une commission pour examiner si cette figure méritait d'être achevée : cette commission ayant été pour l'affirmative, le C. Suzanne fut choisi par elle, et autorisé par le ministre pour terminer entièrement cet ouvrage.

ARCHITECTURE.

Anonyme.

5oo. Sept dessins d'un projet pour faire de la place de la Révolution un cirque destiné : 1° aux jeux publics les jours de fêtes nationales; 2° à devenir un lieu de réunion pour les citoyens de Paris, et qui serait pour la plus grande commune de la République française, ce que fut jadis le Forum pour les Romains. Même numéro.

5oi. Trois dessins d'un temple chrétien du culte protestant. Même numéro.

Baltard (L.-P.), né à Paris,
rue Dominique, n° 293, près celle du Bacq.

5o2. Projet de métairie, composé des bâtimens nécessaires à l'habitation du propriétaire et des ouvriers, ainsi que ceux que nécessitent l'exploitation des terres et la conservation de leurs produits.

Ce projet fait partie d'un ouvrage d'architecture que l'auteur se propose de publier; il est composé de 4 dessins renfermés dans un même cadre.

Cloquet (J.-B.), professeur de dessin à l'Ecole
des mines, élève des CC. Rousseau et l'Espinasse,
né à Fontainebleau,
rue Cassette, n° 847.

503. Dessin lavé à l'encre de la Chine, représentant la
projection perspective de l'ombre de différens
solides réguliers dans l'intérieur d'une niche.

Durand (J.-N.-L.), né à Paris, élève de Boullée,
et professeur d'architecture à l'Ecole
polytechnique.

504. Modèles d'un temple à l'Egalité et d'un temple
décadaire, prix obtenus au concours de l'an
3, par Durand et Thibault. Même numéro.
Ces deux modèles ont été exécutés par J. P.
Fouquet, ils appartiennent à la République.

505. Six planches d'un parallèle des édifices de tout
genre, anciens et modernes, remarquables par
leur beauté, leur grandeur ou leur singularité;
dessinés sur la même échelle. Même numéro.

Giot,
rue de Menil-Montant, n° 160 (bis), près
le parc St-Fargeau.

506. Modèle d'architecture.
Il représente un temple de la Victoire, dédié
à la gloire du général Bonaparte; on y voit représentées en bas-reliefs, les quatre premières
actions de ce grand homme, depuis son départ
de Paris jusqu'à son débarquement en Egypte,
où la victoire l'immortalise.

Ce monument appartient à la Citoyenne Bonaparte.

5o7. Modèle représentant la fameuse tour de Pise, en Toscane, connue sous le nom de la tour penchante, exécuté sur les dessins du C. Cassas. (Ce monument lui appartient).

Ces deux modèles sont exécutés en liége.

Gisors (A.-J.-B.-G.), élève de Chalgrin,
inspecteur des bâtimens du conseil
des Cinq-Cents.

5o8. Projet de Bibliothèque nationale dans l'édifice commencé pour la paroisse de la Magdelaine.

Plan, dans un cadre de 1 m. 13 c. de haut, sur 98.

Coupe et élévation ensemble, dans un cadre de 1 m. 63 c. de large, sur 1 m. 16 c.

Autre plan comparatif des constructions qu'exige le projet, avec celles commencées. Ce plan est dans un cadre de 73 c. sur 42.

Norry (Charles), élève de Dewailly,
au Palais national des Sciences et des Arts.

5o9. Colonne de Pompée.

Bonaparte voulant honorer la mémoire des guerriers morts à la prise d'Alexandrie, arrêta que leurs noms, précédés d'une inscription, seraient gravés sur ce monument.

Nota. Ce projet est celui qui fut présenté à ce général pour remplir ce but.

5io. Plan d'un lazaret projeté à Alexandrie, sur l'emplacement appelé le Cap des Figuiers, attenant au port vieux. Ce lieu fut choisi par la commission de santé, comme le plus convenable.

Nota. Le projet rendu a été remis au général Bonaparte.

Person, né à Paris, membre du Lycée des Arts,
de la Société d'Agriculture,
rue des Maçons, n° 447.

511. Modèle, deuxième invention de l'auteur, pour sauver du feu quatre personnes à la fois.

Maison dont l'escalier est intercepté par les flammes; on y voit en relief toute la manœuvre, ainsi que les victimes échappées au danger par le moyen d'une mécanique simple et peu dispendieuse.

512. Relief de la Bastille, en bois, avec tous ses détails et ses alentours.

Nota. La tour de la Bertaudière, ainsi que la chapelle, sont représentées en ruine afin de laisser apercevoir la construction intérieure, et l'épaisseur des murs.

Peyre, oncle, membre de l'Institut national.

513. Projet du plafond d'une salle d'opéra, dessin.

L'ouverture du lustre, au centre du plafond, est entourée d'une large frise où sont représentées par des figures ailées, les Heures circulant dans les airs; elles enchaînent les Ris, les Jeux et les Plaisirs avec des guirlandes, et répandent des fleurs sur la scène.

Une toile richement ornée est attachée par le

haut à la bordure de cette frise, et par le bas à la doucine qui termine un ordre de caryatides. La tention de cette toile forme trente-six arcs qui procurent autant de petites loges.

Sobre (J.-N.), né à Paris, élève
de Ledoux.
Faubourg du Temple, n° 27.

514. Projet d'un temple à l'Immortalité, consacré aux grands-hommes, à ériger dans les Champs-Elysées.

Prix d'encouragement.

515. L'élévation et la coupe, sur un même chassis.
516. Deux plans sur un même chassis.
517. Le plan général.
518. Un modèle du monument sur un plateau.

Thierry (Ch.-S.), né à Paris, élève
du C. Bellissard,
rue du Faubourg-Martin, n° 187.

519. Monumens à élever en l'honneur de la République française, sur l'emplacement affecté à la construction de la ci-devant église de la Magdelaine.

Ces projets présentés le 27 Fructidor an 5, pàr l'auteur, à la commission nommée par le conseil des Cinq-Cents, dans sa séance permanente du 19 Fructidor, même année, sont détaillés dans les dessins suivans, savoir :

N° 1. Plan général représentant : A, un temple dédié à la Liberté et aux Victoires nationales, où seraient représentés tous ces traits de dévouement et de courage, qui par cinq années de victoires ont anéanti une coalition insensée; où le nom des vainqueurs serait gravé au milieu des dépouilles sanglantes de nos ennemis humiliés et vaincus; où les autorités constituées viendraient tous les ans prononcer le serment de haine à la monarchie, et les jeunes citoyens, parvenus à leur vingtième année, celui de vivre et mourir libres.

B. Place projetée.

C. D. E. F. Arcs de triomphe destinés à éterniser les quatre principaux événemens militaires de notre révolution, la conquête de la Hollande, la conquête de la Belgique, celle de l'Italie et celle des bords du Rhin.

G. Hyppodrome environné de gradins destiné aux fêtes nationales.

H. H. Colonnes triomphales placées aux extrémités de l'épine.

I. Théâtre couvert, de trois cents pieds de diamètre.

K. K. Bois sacré où la patrie reconnaissante décernerait des statues aux grands hommes qui auraient bien mérité d'elle.

L. Boulevard projeté.

Nº 2. Plan du Temple.

3. Elévation du Temple.

4. Coupe sur la largeur.

5. Elévation sur l'angle.

6. Coupe sur la longueur.

7. Coupe générale.

8. Vue perspective de l'ensemble de tous ces monumens.

Vignon (B.), né à Lyon,
place de la Liberté, près le Louvre, n° 116.

520. Tribunal de paix pour les diverses communes de la République.

Ce modèle, exécuté aux frais du gouvernement, a été ordonné à l'auteur, dans un concours public, à titre de récompense nationale.

Voinier, architecte, né à Paris.

Dessins aquarelle.

521. Vue d'un jardin pittoresque et de la principale facade d'une habitation décorée dans le genre gothique.

522. Arc de triomphe à la gloire des défenseurs de la patrie. Ce monument projeté pour être élevé sur le terrain dit de l'Etoile, au haut des Champs-Elysées, formerait l'entrée de Paris, en arrivant par la route de Neuilly, en face du Palais national.

GRAVURE.

Baltard (L. P.), né à Paris,
rue Dominique, n° 239, près celle du Bacq.

600. Etudes à l'usage de ceux qui cultivent l'art du dessin.

Six feuilles composant le troisième cahier de cet ouvrage.

Blot (Maurice), né à Paris, élève de St-Aubin,
cloître Honoré, n° 5.

601. Deux estampes renfermées dans un même cadre.

Jupiter et Io.

La fable grecque d'Io et de ses malheurs, n'était qu'une traduction de la fable égyptienne d'Isis. Cette divinité égyptienne était l'emblême général de la Nature et le symbole particulier de la Lune.

Jupiter sous la forme de Diane, séduit Calisto.

Jupiter ayant trouvé endormie une belle nymphe de Diane, Calisto, obtint ses faveurs, sous la forme de Diane, et la rendit mère d'Arcas. Pour la consoler et la soustraire à la jalousie de Junon, il la plaça avec son fils dans le ciel ; là, ils forment les constellations de la grande et la petite Ourse.

Bovinet, élève de Patas,
place Maubert, n° 13.

602. Trois vues de paysages, même numéro.
Vue des tombeaux du voyage pittoresque de
la Syrie, de la Phénicie, d'après un dessin de
Cassas. Les deux autres vues d'Italie, d'après
des tableaux de Valenciennes.

———

Chrétien, né à Versailles,
rue Honoré, vis-à-vis l'Oratoire, n° 45.

603. Un cadre renfermant 48 portraits dessinés au
physionotrace, et gravés par Chrétien, inven-
teur de cet instrument.

———

Desnoyers,
rue Neuve-Egalité, n° 300.

604. Estampe représentant Vénus désarmant l'Amour,
d'après le tableau du C. Lefèvre.

———

Godefroy (F.), né à Londres, élève
de J.-P. Simon,
rue d'Angevillers, n° 154.

605. Un cadre contenant deux gravures pour la nouvelle édition de Didot l'aîné, des Amours de
Daphnis et Chloé, d'après le dessin de F. Gérard.
606. Le portrait de la C^ne Barbier-Walbonne, d'après
le tableau peint par F. Gérard.
607. Un sujet de la tragédie d'Andromaque, pour la
nouvelle édition de Didot l'aîné, des Œuvres de
Racine, gravé d'après le dessin de Girodet.

Guyot (Laurent),
à l'Elysée, faubourg Honoré.

608. Cadre renfermant plusieurs estampes des livraisons du Musée des monumens français, publié par Alexandre Lenoir, conservateur du dit Musée.

Henriquez (B.-L.), né à Paris,
rue Louis, division du Pont-Neuf, n° 38.

609. Chasteté de Joseph, d'après A. Van der Werff.

610. Repos de la Vierge, d'après Pezares.

611. St-Jean dans le désert, d'après Joseph de Ribera, un des sujets de la galerie d'Espagne.

Citoyenne *Janinet* (Sophie),
rue du Chaume, n° 4.

612. Un bas-relief à l'imitation du bronze, représentant la Paix, d'après le C. Sauvage.

Lemire,
rue de la Harpe.

613. L'Annonciation, d'après Solimen.

614. Le gouverneur du sérail, choisissant des femmes.

Massard (J.-B.), né à Paris, élève
de son père,
place Thionville, n° 27.

615. Psyché surprise par l'Amour.

616. Zéphir et Flore.

617. Assemblée des Dieux, pour les noces de Psyché et l'Amour.

Gravé à l'eau-forte, d'après le dessin original de Jules Romain, sur la composition de
Raphaël.

Les 3 planches appartiennent à l'auteur.

Massard père,
rue des Fossés-Victor, n° 32.

618. Cloé prise par les Mitiminiens, d'après Gérard.
Par Raphaël-Urbain Massard.

619. Oreste et Hermione, d'après Girodet.

Michel (M.-O.), élève d'Aliamet,
rue du Four-Germain, n° 290.

620. Plan et profil (en deux cadres, sous le même n°)
des fameuses écluses de Slyckens, près d'Os-
tende, construites en 1757, indiquant les dé-
gradations qu'elles ont éprouvées par la tenta-
tive infructueuse des Anglais, au premier
Prairial an 6.

Miger, élève de feu Cochin.

621. Le portrait du C. Robert, peintre.

622. Un cadre contenant plusieurs gravures, représentant des morceaux d'histoire naturelle.

Ponce (N.), né à Paris, élève de Delaunay
l'aîné,
rue du Faubourg-Jacques , enclos des ci-dev.
Feuillantines.

623. La Comédie et la Tragédie, d'après Moreau.

624. Un cadre contenant six estampes, représentant
     les portraits de Lebrun, Edlink, Audran, Per-
     rault, Souflot, J.-J. Rousseau, Racine, Descartes,
     Lully, Quinault, et allégories relatives à ces
     hommes célèbres, d'après les dessins du Cit.
     Marillier.

     Ces estampes font partie de la collection des
     illustres Français, du C. Ponce.

Roger (B.), de Lodève, élève de Copia,
Pavillon des Archives, chez le C. Prud'hon,
                peintre.

625. Un cadre contenant deux sujets des Amours de
     Daphnis et Chloé, un de la Tribu indienne,
     gravés d'après les Dessins de Prud'hon, et une
     allégorie de la République française, d'après
     le dessin de Naigeon aîné.

Simon (H.),
au Palais-Egalité, n° 88.

Gravures faites à l'atelier national, sur pierres
                fines et acier trempé.

626. Un cadre de 9 pouces de diamètre, renfermant
     cinq pierres gravées et une gravure sur un
     morceau d'acier trempé.

     Tête de Démosthène, gravée en relief sur une
     agathe onix.

     Tête de femme, gravée en relief sur agathe
     onix.

     Un Amour navigateur, gravé en relief sur une
     sardoine onix.

Une grande cornaline, gravée en creux, représentant Apollon dans son char, tiré par deux chevaux.

Une gravure en relief sur calcédoine, de deux têtes, d'Aspasie et Périclès.

Tête de Minerve, gravée au touret sur un morceau d'acier trempé.

Les épreuves de soufre et plâtre.

Viel (P.), né à Paris, élève de B.-L. Prevost.

627. L'aveu du sentiment, d'après le tableau de Trinquesse.

628. Un sujet des Géorgiques de Virgile, d'après le dessin de Gérard.

SUPPLÉMENT.

PEINTURE.

Bruandet,
Cloître Honoré, maison du Méridien.

700. Paysage représentant une forêt.

701. Deux autres paysages, figures de Sweback. Même n°.

Citoyenne *Capet* (M.-G.), élève de la Cⁿᵉ Labille Guiard.

Pastels.

702. Portrait du C. Suvée, peintre , professeur de l'Ecole, etc.

703. Plusieurs portraits, sous le même n°.

Miniatures.

704. Portrait de la Cⁿᵉ D***, tenant dans ses bras son enfant.

705. Portrait du C. Suvée, peintre.

706. Portrait du C. Mesnier, peintre.

707. Plusieurs portraits, sous le même n°.

Citoyenne *Charpentier,*
Place de l'Odéon.

708. { Deux tableaux faisant pendant : la veuve d'une année, la veuve d'une journée. Ils appart. à l'aut.

709. Portrait de l'auteur et de sa fille.
710. Deux portraits de femme. Même numéro.
711. Un portrait de femme, ovale.

Colson.

712. {
Portrait de femme.
Tête de vieillard.
Portrait d'homme.
Portrait de femme, ovale, sous le même n°.

De La Rive (P.-L.), de Genève.

Tableaux.

713. Cours d'un torrent dans la vallée de Loberland, canton de Berne.
714. Vue de la montagne de Salève et d'une partie du bassin dans lequel est Genève. On y aperçoit le cours de l'Arve.
715. Vue du Môle, dans les environs de Saint-Foire.
Ces tableaux appartiennent à l'auteur.

Gerard (François), né à Rome, élève de David, au Palais national des Sciences et des Arts.

716. Tableaux, portraits, sous le même n°.

Holain,
rue du Bacq, n° 249.

Tableaux.

717. Intérieur : des enfans se disputent, autres figures et animaux.

718. Paysage : une cabane à la porte de laquelle est un marchand d'images.

719. Paysage : un cabaret, des paysans à table lisant un journal, un jokey, etc.

720. Scène familière dans un intérieur.

721. Amusemens d'enfans, dans un intérieur.

722. Portrait en pied, d'un enfant dans un jardin.

723. Le portrait de l'auteur.

Citoyenne *Labille*, dite Guiard, élève des CC. Vincent, père et fils,
au Palais national des Sciences et des Arts.

Tableaux.

724. Portrait de la C^{ne} Ch***, tenant dans ses bras son enfant qu'elle nourrit.

725. Portrait du C. Delamalle, représenté plaidant.

726. Portrait du C. Dublin, artiste du théâtre français.

Citoyenne *Laville-Benoist*, élève de David,
rue et hôtel d'Angevillers.

727. Tête d'étude, peinte sur bois.

728. Portrait, ovale.

729. Portrait de femme.

730. Tête d'étude, de femme.

Legros, élève de Sweback,
rue et vis-à-vis le Temple, n° 126.

731. Portrait peint sur porcelaine, du C. Boyer, sculpteur, dans l'action de modeler l'auteur.

Citoyenne *Lousier* (née Contouly), élève du C. Regnauld.
rue du Temple, n° 24.

732. Un cadre renfermant six miniatures.

Menjaud (A.). élève de Regnault,
rue de Cléry, n° 66.

733. Portrait peint.
734. Portrait, dessin.

Vigneux, peintre,
rue Beautreillis, n° 26.
Dessins.

735. Portrait du C. Raoul, membre du tribunal de cassation.
736. Portrait du C. Fridzeri, artiste.

Lassaux, né à Lunéville, âgé de 65 ans,
élève de Girardet,
rue de l'Egoût, faubourg Germain.

737. J.-B. Féline attendant au guichet de sa prison, une lettre de son amie. A ses pieds est son chien, compagnon fidelle de sa détention.
738. Adélaïde Dégen parvient, malgré la défense, à faire passer quelques alimens à Feline.

FIN.

Nogent-le-Rotrou, imprimerie de A. Gouverneur.